(A)postulados Depresivos y Otros Poemas

Enrique Jiménez IV

Tabla de Contenido

Dedicatoria

A Benito Massó:
Que el vino no falte en tus tertulias ni en el más allá,
amigo, hermano y ahora Maestro Ascendido.

Licencia Poética

(A)postulado Depresivo

Postulado es aquella expresión que presenta
una verdad sin demostraciones, pero que admitida aún
pese a la falta de pruebas.

Estos poemas representan un "no" postulado.
En su sentido más elemental. El texto a continuación no
representa simplemente una verdad dada por sentado
sino una constante lucha del autor para definir cosas
que… en sus ojos, no deberían necesitar explicación.

Biografía

Enrique Jiménez IV nace en 1979 en el estado de North Carolina, EEUU en Fort Bragg hijo de militares. Criado en la ciudad de Río Piedras, Puerto Rico. Desde muy joven se aventuró en las artes del teatro en el Colegio Instituto Modelo de Enseñanza Individualizada escribiendo para las tablas, ganando reconocimientos dentro y fuera del instituto. En la universidad recibe un Bachillerato en Administración de Empresas con concentración en Gerencia, Certificación en Fotografía Digital y Certificación en Coordinación de Eventos de la Universidad Metropolitana de Cupey, Río Piedras.

Para el 2009 este poeta comienza a darse a conocer en varios concursos literarios universitarios, forjando un estilo innegablemente suyo influenciado por el romanticismo, junto a referentes de la subcultura gótica y cultura popular, formando en un lenguaje sencillo, a una apreciación del ser humano muy peculiar. Este mismo año funda, junto a otros poetas, el Colectivo "Entre Líneas" bajo la filosofía de: "A todos les gusta la poesía; no todos lo saben." Disuelto Entre Líneas, crea Distorsión Acústica, trinomio que acompaña sus textos con música de influencia metal y clásica. La música en este caso, en palabras de Jiménez, no hace de los poemas canciones, más bien crea la atmósfera necesaria que a veces no se logra con el absoluto silencio.

Conociendo la importancia de espacios para nuevos artistas, durante 3 años produce el evento PoetaSOS, dándole la oportunidad a estos de exponer sus obras ampliando y alentando así el marco cultural. Esto mientras colabora con el Instituto de Cultura Puertorriqueña como instructor de declamación para el programa "Poetry Out Loud".

Hoy Enrique porta varios sombreros: presentador, actor, productor, promotor para actividades poéticas. Presentador ocasional en la Plaza de la Cultura. Además, colabora con grupos artísticos como Algo Que Decir y Las Musas Descalzas y es miembro del PEN Club, abriendo espacios, esta vez en las redes sociales, con el movimiento de #HoySeEscribe.

Lionel A. Santiago Vega

(Ver Figura 0)

Prólogo

-¿Y por qué me escogiste a mí para escribir el prólogo de tu poemario? Tú bien sabes que lo mío son las biografías noveladas bajo el tema de la afrodescendencia.
-Pues, por eso. Sé que lo tuyo no es la poesía y quería un prólogo escrito por alguien, como tú, que lo haría desde otra perspectiva, ajena al género de la poesía. ¡Es que quiero algo diferente!

Así comenzó nuestro conversatorio en el restaurante Macaroni Grill, en San Patricio Shopping Center, donde quedamos en encontrarnos para yo "entrevistarlo", y aprovechar también que hacía tiempo que no nos veíamos, pero que nos manteníamos comunicados por Facebook. Ya Enrique me había enviado un borrador, por correo electrónico, el que ya había leído por encima. Luego de conversar y de cenar con él, me marché de allí aceptando el reto y sintiéndome orgulloso y privilegiado por el encargo del autor.

Aclarado todo, me lancé, esta vez, a devorar el poemario, leyendo cada poema detenidamente, buscando sus temas, mensajes, patrones, metáforas, colores, y música, entre otros. Sobre todo, me enfoqué en la tarea de identificar los mensajes, que se dan en la construcción interpersonal de la realidad, entre Enrique, como escritor, y uno como lector. Es decir, buscaba lo que él me quería decir y crear en mí. En otras palabras,

¿cuál es su intención en cada poema? Y en el otro lado de la ecuación, ¿cuál debería ser mi interpretación de su intención para que la "danza", entre ambos, fuese efectiva y, por lo tanto, tuviese significado para mí, cónsono con lo que él expresa en cada poema?

En mi opinión, Quique tiene un gran dominio de la prosa, de la metáfora, en fin, de la palabra escrita, como lo ha demostrado con este poemario. Pero más que eso, ha confirmado haber hecho un buen trabajo de introspección y reflexión personal, como resultado de sus experiencias con el tema del amor y el desamor, que se manifiestan en cada uno de sus poemas, salpicados por los sentimientos de rechazos, de inseguridades, de frustraciones, de alegría, de depresión, del resquebrajamiento espiritual y de la recuperación del mismo.

En los primeros cuatro poemas, Quique, definitivamente, "toca fondo", y nos deja saber, en el último poema de ese cuarteto, que él, como un clandestino, oculta sus nostalgias detrás de los versos. Pero más que eso, nos confiesa su necesidad existencial de sentirse amado. Es en el quinto poema, *Nací en Septiembre del 1979*, de género autobiográfico, que el autor nos da una idea, bastante clara, de la causa de su vacío y angustia existencial. Descubrimos que tiene que ver con haber nacido en un "mes lento"; donde sus pasos, "no susurran ningún eco"; donde, "caminando en las arterias de Puerto Nuevo, sólo busco los recuerdos".

Pero paradójicamente, desde ese poema en adelante, todo cambia, dando a entender que se ha abierto una nueva botella de whisky (vida) ya que la vieja ha perdido su color y características propias de un buen licor a causa del "fuego lento" (sufrimiento). En, *Poesía Interrumpida*, lo vemos recuperándose y reconectándose con el amor y de ahí en adelante no hay quien lo detenga, como lo vemos en, *Verte como antes*, o en, *Herejía y ofrenda*: "respirando tu aliento, entre tus piernas atrapado". Ya en, *Bajo la misma luna*, se proyecta como un guerrero triunfador en los asuntos y las batallas del amor.

En este excelente poemario, el talentoso poeta, Enrique Jiménez IV, nos demuestra su talla de escritor con mucha valentía, ya que nos habla de su intimidades, de sus luchas intrapersonales y de su proceso de transformación personal, plasmados a través de una elegante prosa, pincelada con metáforas de amor y el desamor, con (A)postulados Depresivos, y con mujeres de ojos verdes, entre otros. Son 20 poemas que representan verdades de su imaginario que no necesitan ser explicadas. Saboréalo lentamente, para que tú también sanes las malquerencias que puedan habitar en ti.

Benito Massó

(A)postulados Depresivos

(A)postulado Depresivo # 1

(Qué difícil es)

Qué difícil es… ver cómo otros encuentran la felicidad en momentos pequeños y luego lo deshacen con un acto de egoísmo, por las ansias de querer más.

Qué difícil es… ser el único que te ve, aunque sea el tuerto entre los ciegos.

Qué difícil es… no poder estar con ella alejándola del dolor y por eso mis ojos se aguan.

Qué difícil es… ser él que se preocupa por tus venas frágiles, cuando mis palabras a tus oídos son desiertas.

Qué difícil es… beber acompañado con la soledad.

Qué difícil es… ver cómo es una flor marchita conmigo y con otros radiante al trescientos por ciento.

Qué difícil es… correr, buscar la culpa y encontrarme con un espejo.

Qué difícil es… saber que está tan ocupada que no le vale la pena verme.

Qué difícil es… creer que dando la mano te la darán de vuelta.

Qué difícil es… ser sincero y que te juzguen por ello.

Qué difícil es… querer mostrar tus sentimientos entonces, quieran competir a ver quién está más jodido que tú.

Qué difícil es… tener gente rodeándote y estar solo.

Qué difícil es… ver cómo frustrado quiero arrancar este sentimiento de mí.
Porque es imposible amarle, ¿los dos juntos?
Incalculable e inflamable.
Quemaríamos todo a nuestro alrededor con un solo beso de nuestros labios.
Es difícil ser el que se queda solitario.
La verdad es… que muy pocos lo saben, el mundo aún no debería arder.
Así que seguiré siendo el leproso, carismático, elegante; el que nunca podrá amarte.

Qué difícil es…

(Ver figura 1)

(A)postulado Depresivo # 2
(Ojalá)

Ojalá… que no pueda tocarte ni en… poemas.

Ojalá... que, si te toparas con una copia del libro de mi vida,
encuentres nuestros nombres unidos por una (y)
y entre paréntesis una nota: ver tragedia.

Ojalá... que te enteres que aunque te las perdoné
una y mil veces, ya no más.

Ojalá... que entiendas que tu espejo no está fragmentado,
lo que está fragmentado es el reflejo de tus ojos.

Ojalá... que cuando me extrañes, al buscar mi número,
la cobardía no te deje marcarlo.

Ojalá... que tu recuerdo se marche como hojas al viento,
pero mi rencor dice "prohibido olvidar".

Ojalá... puedas ver en una mesa cuadrada
los burgueses de tus gustos sin levantar
ni un dedo para alimentar tu cuerpo ni tu mente.

Ojalá... no sepas que la soledad ocupa tu espacio en mi corazón.

Ojalá... comprendas que no soy yo, eres tú.

Ojalá... que te des cuenta que lo que hables mal de mí
es imposible esconderlo en Facebook.

Ojalá... que te enteres que existe una mujer
que me quiere y para ella mis palabras no son desiertas.

Ojalá... "Pase algo que te borre de pronto.
Una luz cegadora, un disparo de nieve.
Ojalá por lo menos que me lleve a la muerte..."
No, esta penúltima línea no va a terminar así.
Lo que aún me enfurece de ti es tu osadía
y que eres tan vana que piensas que este poema trata de ti.

Ojalá...

(Ver Figura 2)

(A)postulado Depresivo # 3
(No Dijiste Nada)

La primera vez que salimos, accediste a ir conmigo al cementerio. Para mí fue como un reto a tu cristianismo. Me arriesgué a preguntar y tu lengua presionó el cielo de tu boca, donde nace el Sí. Entonces sentí un cosquilleo en el lugar donde mis mariposas se convierten en murciélagos.

Entre cruces, santos de cemento y mármol... exploramos como antropólogos urbanos. El sol nos besaba con calor, pero las nubes desobedecieron al rubio lloviendo con su luz: se casan las brujas. Nos defendimos en una cripta y en minutos nos conocimos fuera de todas las dudas. Las nubes nos engañaron al permitirnos salir, pero nuevamente nos atrapó a las afueras. Bajo el refugio de las vías del tren miramos nuestras ropas empapadas.
No dijimos nada...

Meses de cortejo, visitas, llamadas hasta que el rubio nos recordara a los vampiros, dormir.
Nos hablamos de todo y el mundo nos dejaba solos.
Pero de la nada empezaste a faltar, tú no leías mis poemas y yo no escuchaba los tuyos.
Un día me dijiste que te hacía falta, que olías mi perfume pero yo no estaba.
No dije nada...

Ya no te aparecías en mis recitales, mis mensajes no respondías, no llegabas a nuestras citas.

No dijiste nada...

Coincidimos en el café, te reclamé. La conversación se

tornó robótica como si nuestros corazones y venas se tornaran en una maquinaria futurista de lógica infinita sin espacio para los sentimientos. Me preguntaste ¿a cuál de todas cogería en serio? Mi corazón resurgió de un abismo robótico, con él en todo su latido dije "A ti, tú, a usted"

No dijiste nada...
No te das cuenta que en mi oscuridad tú eres mi luz.
No dijiste nada...
Te confieso que fui a tu culto a verte cantar, sí... a verte cantar y levanté las manos no por alabanza sino porque me estabas asaltando el corazón bebiendo mi ambrosía con tu belleza.
No dijiste nada...
Cuando oramos antes de comer la comida sabe mejor porque tú la bendices.
No dijiste nada...

¿No recuerdas cerrar los ojos cuando recitaba tu poema favorito?
No dijiste nada...

Tu imagen se borró de la silla porque nunca llegaste a esa última cita.
El silencio se distorsionó con un triste piano. Un dolor diferente llenó mi ser, no llegué
al ocaso.
No dijiste nada...

Si alguna noche me escuchas recitar este poema quiero que sepas…
Dejé de ir a cementerios.
Ya no uso el perfume que te gusta.
Borré tus fotos del celular
Te saqué de mi FB… aunque creo que no te diste cuenta.
En cuanto a Dios, "él ya no habla conmigo y ya no digo que él no existe."

(Ver Figura 3)

(A)postulado Depresivo # 4
(Clandestino)

Entre Líneas de un clandestino
y enredado en los versos que escribo.
4 poemas con (A)postulados Depresivos,
recordando aquellos viejos caminos.

El Ángel de mis Pesadillas me canta a la oreja.
Contando cada puñalada trapera.
Entre Líneas de quien en versos amistosos
se esconde a la espera.

Soy de estrofas de Sangre Metálica.
Soy de la poesía, un objetivo.
Soy amante de la brujería.
Soy de la nostalgia su hijo.
Soy legionario de una antigua cofradía.
Soy de Entre Líneas otro más… un Clandestino.

(Ver Figura 4)

Otros Poemas

Nací en Septiembre del 1979

Septiembre se fue lento…
No como febrero, más bien como un lamento.
Como un aullido de lobo herido de muerte.
Se fue solo igual como llegó,
agosto ni octubre se acordaron de él.

Mis pasos por septiembre no susurraron ningún eco.
Ni a lo cerca, ni a lo lejos.
Caminando en las arterias de Puerto Nuevo
sólo busco los recuerdos.

Septiembre terminó así…
como una botella de whisky…
a fuego lento.

Poesía Interrumpida

Una noche de bohemia.
Una noche sin estrellas.
Bajo las lámparas de la Plaza,
la poesía nos cobija
del frío como una sábana.

Nuestras caras tan cercas una de la otra.
Rodeados por versos y prosa.

Entre lectura de poesía apasionada
ella me mira a los ojos,
se muerde el labio.
Detuve la lectura y le dije:
¿Para qué te muerdes el labio si aquí
tienes los míos?

Besos de Nicotina

Tu boca se come mi boca.
Esta noche no estarás sola.
Tu olor a humo no me espanta.
No me importa nada.
Yo no quiero estar solo.

Nuestras ganas no se apagan
desde el estacionamiento,
al ascensor y a la habitación,
siempre abriendo los ojos.

Al amanecer escapo.
Nos despedimos sin besos y acabamos.
Detrás de mí se cierra la puerta,
al salir del hotel prendo un cigarrillo
y sigo andando.

(Ver Figura 5)

A ti que los griegos llamaron...

I

Llegas a todas horas: a las 3 y pico de la madrugada
o a las 3 de la tarde de la muerte de Cristo.
Desde la luz de una iglesia hasta la esquina sombreada
de una morgue, eres la gasolina de mi arranque.

Te enredas en mis almohadas, manchando mis sábanas.
Me hablas a solas y rodeado de la misma escoria,
eres lo más auténtico que tengo en mi poesía.

"Head like a hole, black as your soul"

Me hablaste The Beautiful People de Marilyn Manson.
Me llevaste a las tablas de Vincent Price, una gran voz.
Me llamaste a la salsa de La Zodiaco y su son.
Me mostraste que el Viejo Mago es hijo de Dios.

Te encontré en la Parálisis Permanente y en las tuercas
de una silla de ruedas.
Te encontré en los que hablan con sus manos en legua
no verbal.
Te encontré en los pedales de Tom Morello conjurando
eléctrico en las cuerdas.
Te encontré en las curvas de Christina Ricci, en la V de
las piernas de Langella;
la mejor eyaculación es cerebral.
Te encontré con Lorca, la ciudad de los gitanos es Río
Piedras.

Me hiciste seguir a David Cruz con su bastón blanco.
Me dijiste calle oscura con Mexicano.
Me encontraste en Entre líneas de Lionel Santiago.
Me arrullaste como al hijo de la luna de Mecano.

A ti que los griegos llamaron…

II

Te encontré en ojos verdes de mujeres satánicas.
Te encontré en los tatuajes de la izquierda y de Distorsión Acústica.
Te encontré en ojos abismales de mujeres cristianas.
Te encontré con el Poeta El Caribe, haciendo patria.
Te encontré en otras cicatrices, en todas mis pesadillas
Te encontré en gatos muertos, taxidermia.

Siempre te encuentro aunque no te veo, mi Flor del Silencio, eres la presión en mi dedo sobre un gatillo, la granada en mi voz, la pólvora de mis balas de plata, el cliché del viento bajo mis alas, tu nombre está en cada daga clavada en mi espalda.

Ayer te sentí… en el aroma de libros viejos, en el perfume de tu cuello, el pelo rizo entre mis dedos, desde el piso mirando al techo, reviviendo mis deseos muertos, con sangre escribiendo, danzando entre cráneos, en el corazón delatador de un cuento.

Hoy te entiendo… que vives en el cementerio, eres religión, en un nuevo poemario, eres intuición, como los tiempos en Comerío, en Johnny Cash y su canción, eres calor luego frío, sexualidad de primera impresión, el terror en los ojos de un niño, haces resurrección, eres espejismo, pura combustión, simplemente dominio.

Mañana te veré… igual sin dudas, tal vez no a las diez pero si a la una, en la piel debajo de mis uñas, de Chiby su figura, en los pies descalzos de muchas, entre las piernas de una bruja, viva en las culturas, tú sabes que amo a las putas, estancado en una duna, en el sabor fermentado de las uvas, en un cadáver exquisito lleno de ternura, en versos de 10,000 locuras.

A ti que los griegos llamaron musa…

(Ver Figura 6)

Para la Amante de Siberia

Bajo su piel habita una mujer…

De ojos verdes marchitos,
cual hoja que en vértigo cae en tu camino.
De labios que han probado amarguras
pero también han saboreado mil dulzuras.
De cabellera que ha visto
más cambios de temporadas, que las telas rosadas.
De manos que conocen historias de calamidades
y de historias de las caricias más amables.
De pies descalzos que, con pasos seductores,
han visto agua, arena, cemento y brea.
De pechos que entre ellos esconden un motor latente,
que se hace biomecánico para no sufrir de repente.

Bajo su piel habita una mujer…

Vida Villana

Está escrito tu nombre en una bala de hielo

que gira sobre la piel y los huesos que protegen mi corazón.

Sólo su entrada la impide mi razón...

En la oscuridad de paredes sangrientas nuestros alientos comunican una intención prohibida, de las ganas malignas.

Me alimenta tu aliento.

Me llenas de calma y silencio.

Tu nieve enfría las voces de mis pensamientos.

Mi oscuridad te lleva a una felicidad inmediata.

Mis palabras penetran tu piel como aceite de unción en llamas.

Tu mirada me provoca.

Me envuelve tu voz sonora.

En esta oscuridad no logro acercarme lo suficiente para tus labios besar,

pues nos amarra la villana vida al salir por esa puerta.

El Verte como Antes

(Dedicado a Laura Merced)

En el ayer te veía caminar,
ante a mis ojos no he visto nada igual.
Todo a tu alrededor era un celaje borroso.
Tu caminar, tipo séptimo arte en lentitud;
verte así era una virtud.

Todo en ti rimaba.
Tus ojos con labios.
Tus pechos con tus caderas.
Tu pelo con tu maquillaje
y la forma en que te vistes.

Ahora que te tengo a mi lado,
ya eres sólo una costumbre
de un segundo pasado.
Sólo te tengo anclada a mi mano.

Una tradición que nos desvanece y que se muere.
Demos vuelta a las manecillas del reloj en reversa.

Rompiendo con la tela del tiempo y el espacio,
en un punto de partida iniciar
un comienzo de nuevos días.

Donde te adentres a mi visión periférica.
Que mis ojos puedan ver tu poema.

Esa rima de…
tus ojos con labios.
De tus pechos con tus caderas.
De tu pelo con tu maquillaje
y la forma en que te vistes.

Ahora frente a mi serás la combinación
de todo lo que más quise y lo que más amo.

Devuélveme esas ganas de amarte,
mirándote y deseando el verte como antes.

Encapuchado sin Cara, sin Nombre

Cuéntame cuándo perdiste el sabor por el Sol
y yo hijo de la Luna te devolveré.
El secreto quedará en la sombra
de una tumba sólo para dos.

Con mentiras piadosas levantamos muros
de brujería y distinción.
Como aquellos antiguos rusos.

Hechizos carnales…

Cuando apague la luz yo seré tu amante.
Al cerrar la puerta yo seré tu amante
Entre las sombras yo seré tu amante.

Manto de la invisibilidad
que no cubre nuestros cuerpos,
pero cubre nuestra intensidad.

Cicatrices pasionales se disfrazan
bajo las pieles de pecadores.
El reptil te marcó con su más
potente llamarada.

Camino en el filo de la navaja,
con el nombre de la mejor pesca.
El Ángel de mis Pesadillas
marca mi espalda.

Nadie nos mira, nadie nos ve…
desemboca en mis labios, que aquí
no hay nada que ver.

Hechizos carnales…
Cuando apague la luz yo seré tu amante.
Al cerrar la puerta yo seré tu amante
Entre las sombras tú y yo seremos amantes.

(Ver Figura 7)

Un Recuerdo en el Ámbar

La ciudad amurallada parece tener más estrellas que el cielo.

Una noche nublada. El mar bate las rocas bajo mis pies… es lo que veo.

Pero no es lo que quiero.

Te quiero a ti, deja de ser sombra en un recuerdo baldío.

Te quiero aquí, susurrando en mi oído

esas palabras de cariños que tanto me repetías.

Borra estas lágrimas negras y frías que reflejan la luz de la luna a medias.

Un profundo dolor que se funda en tu ausencia y en la incertidumbre.

No sé nada… ¿Por qué me huyes?

Como vampiro al sol, bajo un temor de confrontarte.

La brisa marina inspira versos y arte, pero los poemas no me harán encontrarte.

En este momento un vacío retumba en mi cuerpo, provocado por una bala sofisticada.

Induciendo un rotundo frío de llamas azuladas y bajo mi piel que mis venas se colapsan.

Nunca sabré si lo nuestro fue amor o una pasajera lujuria.

¿Qué tal, si el tiempo no sana ésta herida?

Porque en este lugar, me regalaste tu poesía.

Amar o morir, el amor, es el alma, de todos.
Amar o morir, hay de aquel, que en la vida, está solo.
Sin que nadie, respire con él, amar o morir
no existe otro modo.

Amar o morir de Danny Rivera

Sobre Respiros, Canciones y Respuestas

Las metáforas han sido por centurias
esclavizadas al corazón
como medio de expresar amor.
Pero ya es tiempo para el respirar de las metáforas.
Quiero hablar de amor desde mis pulmones.

Sí, mis pulmones. Ver esa imagen de silueta en cámara lenta.

Respiro y suspiro...

Sí, mis pulmones. Oyen cuando tu piel se eriza,
en la prosa de mi voz.

Respiro y suspiro...

Sí, mis pulmones. Recuerdan cada acto fantasmagórico
que has dejado tras tu partida.

Respiro y suspiro.
Respiro y suspiro.
Respiro y suspiro.

Sí, mis pulmones. Beben de las lágrimas de un adiós.

Respiro y suspiro…

Sí, mis pulmones. Piensan en estampas pasadas y estampas imaginarias que posibilitan un paralelo contigo.

Respiro y suspiro.
Respiro y suspiro.
Respiro y suspiro.

Te respiro, te suspiro.
¿Tú me respiras y tú me suspiras?
Te respiro. Te respiro. Amar o morir...

Frente a la Caldera

Frente a la Caldera
y alumbrado con la luz callejera.
Río Piedras está plagada
de antros, poetas, alcohol,
ladrones y gitanos.

Dios sigue en el cielo,
Cthulhu en la costa,
entonces Baphomet bajo mis pies
en su infierno.
En mis pulmones el humo de especias,
el cual me habla de una muerte chiquita.
El ámbar se torna en zafiro.
En mi soledad no se escucha ni un solo grito.

El sol sigue siendo el sol
y su calor tu poder.
La luna es mi lumbre
y soy hijo de la noche.

(Ver Figura 8)

Entre Sombras, Luces y un Túnel

Una versión de mi errante,
intoxicada de cebada,
camino tambaleante.

Respiro profundo...
para contener mis pasos,
si no... a la muerte me hundo.

Viernes de cobro y solo.
Nadie que me guíe,
a un lugar seguro.
Donde la sobriedad yo la dono.

Esquivo carros, salvo aceras y aguanto postes.
Sé que nada se mueve.
Sólo una ilusión; como cuando me echan flores.

Viajo a velocidades luz.

Todo se atrasa.
Todo es lento.
Todo se arrastra.

Viajo a velocidades luz.

Sé que bebí más pintas
que un vampiro no soportaría.
Para estallar en humillación,
de su cofradía.

Viajo a velocidades luz.

Las luces se estiran.
Se curvan.
Mis ojos se fastidian.

Viajo a velocidades luz.

Paso el primer puente.
Sigo errante, sin criaturas
con adivinanzas... solo yo
estoy presente.

Viajo a velocidades luz.

Todo sigue lento,
falta un puente más.
Por nada me detengo.

Viajo a velocidades luz.

Tengo que cruzar.
Luces en el cielo,
brea en mi espalda.
Tengo que llegar.

Todo es lento y una luz me llama.
Viajo a velocidad luz.

Herejía y Ofrenda

Qué bien se verían mis manos en tu cintura.
Respirando tu aliento.
Qué bien te verías en una pintura.

Qué bien te ves en mi literatura.
Respirando tu aliento.
Siempre serás mi princesa y yo tu obscura criatura.

Qué bien se verían nuestros dedos entrelazados.
Respirando tu aliento.
Entre tus piernas atrapado.

Qué bien se sentiría esta con su merced bajo mis sábanas.
Respirando tu aliento.
Tus uñas tallando mi espalda.

Qué bien sería conjurar nuestro amor con brujería.
Respirando tu aliento.
La sangre de un desconocido y hacerte poesía.

(Ver Figura 9)

La Foca Negra

Tu espalda contra la pared, una de mis manos
en tu cintura sosteniendo tu sed.

Mis labios murmurando alguna prosa erótica,
que meramente es una lista de partes de tu cuerpo
y las cosas que le haría.

Aspiro tu aliento como vampiro hambriento,
buscando un sustento.

Retinas entrelazadas al tiempo y el espacio
que le robaste a otro, para que estemos solos.

Debo mantener en la orilla al lobo
que en mi piel habita, pues dejaría marcas
como prueba de los usurpadores rompiendo
mandamientos como verdaderos pecadores.

Pero basta, quémate sola,
a obscuras sola y muere de sed sola.

Vuestra necesidad va más allá de mi persona,
es consolador tras consolador,
es caricias tras caricias,
es mentiras tras mentiras,
y de amor palabras vacías.

Bajo la misma Luna

Camino entre las balas, las explosiones gritos de muerte.
Entre cuerpos despedazados y cuerpos inertes.
Envenados de plomo.
Las valquirias cargan los guerreros en sus lomos.
Las balas luminosas dejan sus estelas cruzando las calles de edificio a edificio.
El aroma de la pólvora adorna el aire de esta guerra de impíos.
Miro al cielo donde las aves de rapiña, se adueñan del espacio aéreo.
Busco la esmeralda licantrópica que me asegura, que si nuestros ojos están fijados en el mismo cuerpo celeste.
No importa trueno de bomba, el metal de la metralla, ni el filo de la bayoneta en mis ganas estás presente.

Bajo la misma luna te encontraré.

(Ver Figura 10)

Río Piedras

Qué bueno es verte, en este oscuro y lluvioso
noviembre.
En una plaza incierta con la memoria fresca
décadas de vivencias, vivencias contadas y las que viví
de cerca.
Y desde la acera…

Oh, Río Piedras querida quien te ve y no te recuerda.

Las historias de mi padre de lucha y sangre
de una academia centenaria donde se dispararon con
piedras y plomo.
Donde las botas de charol marcharon a su antojo.
Y desde el antiguo ROTC…

Oh, Río Piedras querida quien te ve y no te recuerda.

Una explosión que causó conmoción.
Recuerdo los segundos inquisitivos en el salón.
La noticia de lo sucedido sacudió nuestra razón.
Pues yo caminaba por esa calle todas las mañanas,
temblaron todas las ventanas.
Y desde la iglesia la Milagrosa que usaron como
morgue…

Oh, Río Piedras querida quien te ve y no te recuerda.

Las madrugadas en las tabernas.
Los vagabundos, grandes sabios de los pisos y de las esquinas.
Entre insomnios desde el Boricua al Ocho de Blanco, alcoholizados en nuestras alegrías.
Y desde Santa Rita…

Oh, Río Piedras querida quien te ve y no te recuerda.

En esta ciudad nació y creció mi Padre, mi primer beso, donde entendí la malicia, mi primer cigarrillo, mi primer tatuaje, donde me asaltaron por tres pesos, mi primera obra de teatro, donde escribí mi primer poema, mi primera batalla.

Oh Río Piedras… te quedaste con mis sueños y esperanzas.
Tenías Escudo y Bandera.
Todavía tus calles me esperan.
Y desde la calle Arizmendi…

Oh, Río Piedras querida quien te ve y no te recuerda.

Galería de Figuras

Figura 0

Figura 1

Figura 2

Figura 3

Figura 4

Figura 5

Figura 6

Figura 7

Figura 8

Figura 9

Figura 10

Notas y Agradecimientos

- Este autor ha publicado: Poesý 20/10 2012 Raíces con el poema, *Río Piedras* (alexandraroman.com). También en la Antología Poética, Flores Silvestres del VI Festival Internacional Grito de Mujer 2016 con el poema, *Mariposas sobre los casquillos*. Dedicado a las mujeres de las Autodefensas de Kurdistan. (Lamaruca)
- En la Figura 9 el maquillaje y parte de la edición de la fotografía fue por Mary Ely Marrero.
- Gracias a las personas que asistieron a que esto fuera posible: Benny Massó, Lionel Santiago, Jean Rodríguez, Luis Rivera, Mitsy Rodríguez, Valerie Ramos, Nicole Ureña, Johana Bonilla, Azyadeth Torres, Mariee Ortiz, Gabriella Alfred. Brindo por ustedes.

¡SALUD!

Made in the USA
Columbia, SC
03 May 2023

15895861R00035